Come Analizzare le Persone

21 Tecniche Segrete per Comprendere il Linguaggio del Corpo, Analizzare le Persone e Leggere nella Loro Mente

Leonard Moore

INDICE

Introduzione

Grazie e congratulazioni per aver acquistato questo libro. Questo libro è stato pensato per aiutarti ad analizzare segretamente le persone cosicché tu possa capire chi sono realmente, quali sono le loro intenzioni, e quali i loro obiettivi.

Ci sono diverse motivazioni che possono averti spinto fin qui: Forse ti piace osservare le persone perché così riesci a "conoscerle" meglio, o forse vuoi semplicemente comprendere più a fondo chi fa parte della tua vita. Analizzare il comportamento ti dà il potenziale di poter comprendere tutte le persone che tu conosci e conoscerai, dagli amici alla famiglia, al capo, ai colleghi, ai sottoposti, e persino i clienti. Questo può aiutarti con chi conosci da una vita, e chi hai appena incontrato.

Il più grande beneficio nella reale comprensione degli altri è la capacità di sapere sempre come porsi in ogni situazione. Quando capisci a fondo le intenzioni di qualcuno, tramite ad esempio l'osservazione, è molto più facile dedurre come tu possa comportarti di conseguenza. Potresti ad esempio tentare di disinnescare una situazione o un atteggiamento, come quando qualcuno è irritato per un motivo a te ignoto, ma sfoga questo stato su di te o su altri. Oppure sapresti cosa dire e fare perché l'altro percepisca una connessione con te e sia più propenso a concordare con ciò che dici, come quando hanno luogo dei negoziati importanti durante un incontro di lavoro. Sapere come studiare gli altri efficacemente è d'aiuto in molti campi importanti della vita, e quando stai cercando interazioni e connessioni positive saprai sempre come ottenere il risultato desiderato.

In questo libro imparerai 21 tecniche essenziali per scandagliare segretamente gli altri. Queste tecniche possono essere applicate a chiunque, che sia un uomo dalla parte opposta della tua stanza o una donna di fronte a te. Che siano dei completi estranei che cerchi di conoscere, o che sia il tuo capo o tua madre con cui stai cercando di ragionare, i miei consigli ti aiuteranno.

Ogni capitolo è stato suddiviso per analizzare una tecnica nel dettaglio. Imparerai il funzionamento di questa tecnica, come sfruttarla per aumentare le tue probabilità di successo, e come utilizzarla nella tua vita quotidiana. E se è necessario un ulteriore approfondimento per permetterti di sfruttare una di queste tecniche, ti fornirò anche quello.

I capitoli sono progettati per affrontare l'argomento da due fronti. Il primo è come analizzare le persone. Che alla fin fine, è ciò che ti aspettavi acquistando questo libro! Il secondo è l'esplorazione di queste nuove conoscenze acquisite al fine di sfruttarle per plasmare il modo in cui gli altri ti vedono e pensano. Ebbene sì, comprendendo l'analisi comportamentale, potrai addirittura determinare I segnali che gli altri riceveranno da te! Ciò significa avere il totale controllo sulla percezione che gli altri hanno di te, che si fidino o meno di te, e il raggiungimento del successo per mezzo delle vostre interazioni. Se sei di norma pacato e timido, ma vuoi essere riconosciuto come estroverso e sicuro di sé, imparerai in queste pagine esattamente come farlo. Ed è possibile una trasformazione anche in senso opposto.

La più grande componente di questo libro è la comprensione di come l'analisi comportamentale funziona. Molti dei consigli presenti in questo libro provengono da agenti dell'FBI, investigatori privati, ed altri agenti specializzati nel lavoro sotto copertura. Ciò significa che vanno ben oltre le conoscenze elementari dell'analisi umana. Al contrario, imparerai ogni singola azione che una spia dovrebbe intraprendere per analizzare chi osserva. Ed attraverso questi consigli, saprai leggere le persone che fino ad ora hai solo tentato di conoscere. Se sei pronto per tutto questo, continua pure alla pagina successiva! E soprattutto buona lettura!

Capitolo 1:
Imparare le "Norme Base"

Il primo passo per analizzare una persona è apprendere le "norme base" del suo comportamento, in inglese "baseline". Capendo quali siano i comportamenti usuali della persona, si riesce a distinguere ciò che è al di fuori dalla norma. Determinare la baseline del comportamento di un soggetto ci aiuta a capire chi è nella sua vita quotidiana, ma aiuta anche ad individuare quando questo devia dal suo comportamento abituale. Queste deviazioni sono informazioni analitiche molto importanti, quindi presta molta attenzione!

Come Individuare la Baseline

Il primo passo per farlo è trascorrere del tempo osservando ed analizzando la persona. Questo ti permetterà di vedere le sue abitudini, capire come si comporta quotidianamente, e come affronta diversi tipi di situazioni. A questo scopo analizzerai utilizzando le diverse tecniche illustrate nei prossimi capitoli. Per adesso, per aiutarti a capirne il funzionamento guardiamo ad un esempio di vita reale:

Debora è una nuova contabile della tua società finanziaria. Da quando è stata assunta, i tuoi impiegati hanno continuato a dirti che non è affidabile, ma vuoi esserne sicuro. Ovviamente, non vuoi rischiare di avanzare un'accusa senza la minima prova che qualcosa sia andato storto. Ad ogni modo, visto che dicono sia troppo inaffidabile per svolgere il suo compito, provi ad osservarla al di fuori del contesto prettamente lavorativo. La osservi nella pausa caffè, quando arriva in ufficio, e alla fine della giornata quando tutti si dirigono al parcheggio fuori dall'edificio e vanno a casa. Facendo ciò noti che tende ad essere una persona tranquilla e simpatica. Non fa niente di eclatante, sembra sorridere un sacco, e quando parla con i colleghi sembra emanare un grande carisma. I suoi occhi sono sempre focalizzati su di te quando ti parla o sta ascoltando, e fa sempre sentire il suo interlocutore come se gli stesse dedicando la massima attenzione. L'unica cosa particolare che noti è che spesso si arriccia una ciocca di capelli attorno ad un dito o si aggiusta gli occhiali sul naso.

Ora che hai osservato Debora in momenti in cui si presuppone non stia facendo niente di sbagliato, hai un disegno ben preciso di quale sia la sua baseline. Dopotutto sembra una persona calma, simpatica e nella media, che non si fa troppo notare. Sembra soddisfatta ed ottimista, e alle volte anche estremamente rilassata. Questi probabilmente sono i motivi per cui hai fiducia in lei, visto che è molto abile a rimanere estroversa e posata quando parla con gli altri. Ora proseguiamo e cerchiamo di capire più profondamente con ciò che abbiamo avuto modo di osservare.

Trovare e Comprendere i Comportamenti Fuori dalla Norma

Approfondendo l'esempio di Debora, ora sai bene chi è quando non prova emozioni particolarmente forti. È quindi tempo di sfruttare queste tue conoscenze per capire se sta facendo qualcosa di strano o meno mentre lavora. Tenendo bene a mente la sua baseline, inizi ad osservare come si comporta quando è all'opera. Attraverso la finestra, vedi come agisce quando è alla sua scrivania, con la porta chiusa. Tu sei in fondo al corridoio e stai parlando con qualcun altro, ed è quindi facile per te non farsi notare da lei. Ed ecco cosa scorgi:

Debora inizia tranquilla come sempre quando si siede alla scrivania. Guarda con attenzione il computer e sembra prestare attenzione a ciò che sta facendo. Non sei preoccupato, o almeno non ancora. Dopo un po' inizi a vedere che spesso getta un'occhiata alla finestra e alla porta. Sembra che si stia aspettando l'arrivo di qualcosa o qualcuno. Le sue sopracciglia si arricciano e passa dalla sua solita calma ad una strana irrequietezza, quasi nervosa. I suoi movimenti sono più rapidi, e dopo alcuni momenti di questo strano comportamento, torna come sempre. Allora si alza, va a prendere un bicchiere d'acqua e torna alla sua scrivania. Questa volta lasciando la porta dell'ufficio aperta.

Come hai notato, la calma piatta e composta tipica di Debora è mancata per un breve periodo di tempo. Non solo era nervosa, ma anche guardinga, e ha cercato di essere osservata il meno possibile addirittura chiudendo la porta dell'ufficio. Quando ha finito qualunque cosa stesse facendo, si è alzata per prendere da bere e probabilmente calmarsi. Tornando al suo ufficio ha anche lasciato la porta aperta. Non sentiva più il bisogno di nascondersi, probabilmente perché aveva ormai finito ciò che stava facendo. Con questi nuovi dettagli, hai ora dei motivi per dubitare di lei. Certo, ancora non hai delle vere e proprie prove, e non puoi accusarla di niente. In ogni caso ti è chiaro che i tuoi impiegati avevano ragione ad avvertirti del suo comportamento e che d'ora in poi dovrai prestare maggiore attenzione per evitare che una qualunque cosa sbagliata o illegale possa accadere.

Capitolo 2:
Tipi di Personalità

Ogni persona ha un tipo di personalità. Calmo e riflessivo, silenzioso e timido, tenace e sicuro di sé, questi sono tutti diversi tipi di personalità che un individuo può avere. Ne esistono ovviamente molti altri. Il tipo di personalità di un individuo indica spesso le sue caratteristiche principali. Per esempio, la personalità X è più propensa a dirigere ed ottenere incarichi di supervisione, mentre la personalità Y è più quieta e sottomessa. Capire il tipo di personalità di qualcuno è un altro tassello utile a carpire la sua baseline, e di conseguenza ad anticipare le sue reazioni in diverse situazioni. Capiamo ora come si possa capire il tipo di personalità di qualcuno.

Come Risponde alle Domande?

Una cosa alla quale è essenziale prestare molta attenzione per capire il tipo di personalità è il modo in cui la persona risponde alle domande. Gli estroversi dedicano poco tempo all'elaborazione della risposta, e risponderanno subito con confidenza. Ciò significa che daranno voce ad una serie di pensieri ancora non perfettamente formati prima di dare una vera e propria risposta. O anche, questo insieme di pensieri potrebbe collidere dando forma alla risposta. Gli introversi d'altra parte sono molto più riflessivi. Probabilmente usano delle interiezioni o suoni come "uhm" o "ohm" prima di parlare, ma è molto meno probabile che cedano informazioni riguardo il loro flusso di pensieri. Al contrario, elaboreranno bene ognuno di questi prima di proferire la risposta.

È Focalizzato sul Passato, Presente o Futuro?

Per quanto riguarda la percezione della vita vi sono due tipi di personalità. Il primo preferisce percepire e sentire le cose. Queste persone sono più occupate a pensare all'*hic et nunc*, e nella proiezione della loro vita usano il passato come fonte principale di informazioni. In altre parole, combinano passato e presente per determinare la loro percezione del reale. L'altro tipo di personalità è detto intuitivo. Le persone intuitive sono quelle più focalizzate sul futuro. Mentre vivono l'istante presente, molto probabilmente pensano a ciò che deve ancora arrivare, piuttosto che rimuginare su ciò che è già accaduto.

Come Concepiscono gli Altri nel Prendere le Decisioni?

Se vuoi sapere cosa muove il pensiero di qualcuno, presta attenzione a come le altre persone vengono prese in considerazione nel momento di fare una scelta. Le persone che prendono le decisioni in fretta, senza pensare a come il risultato graverà su chi le circonda, sono conosciute come pensatori. Un pensatore vede di più il lato logico e razionale delle cose. E la sua mancata considerazione dell'altro è probabilmente spontanea e inconscia. Lui è semplicemente mosso dai suoi pensieri. Il tipo di scelta opposta è quella di chi si fa guidare dai sentimenti. Queste persone molto probabilmente, prima di prendere una qualsivoglia scelta, penseranno a come avrà effetto sulla vita propria e degli altri. Vogliono sapere a tutti i costi quali saranno le ripercussioni emotive, e sono molto cauti nel non permettere che nessuno venga ferito a causa delle loro scelte.

Come si Adattano ai Cambiamenti?

Alcuni si adattano comodamente al cambiamento, altri no. Conoscere questo elemento è un grande passo avanti nella comprensione di un individuo nel suo complesso. Se una persona è disponibile a valutare nuove opzioni, guardando ogni possibile soluzione ai problemi, molto probabilmente è del tipo che accoglie con piacere i cambiamenti. Sanno adattarsi ad ogni situazione e sono solitamente interessati a scegliere la soluzione migliore nel complesso, e non la soluzione migliore per loro stessi. L'altra tipologia, invece, non riesce ad accettare il cambiamento. Queste persone scelgono l'opzione che sì, risolva il problema, ma che li faccia anche sentire a proprio agio. La probabilità che cambino idea è molto scarsa e difenderanno a spada tratta le loro scelte.

Compilando le risposte a queste quattro domande, sarai molto vicino a precedere le potenziali reazioni di un individuo in diverse situazioni. Saprai prevedere e capire con molta probabilità come agirà sotto diversi tipi di stress, deducendo molto più facilmente il loro tipo di personalità.

Ricorda, ognuno di noi ha un diverso valore nel gigantesco spettro delle possibili personalità. Alcuni potranno essere più espansivi, altri più introversi. Ma potranno comunque convivere in loro caratteristiche proprie di entrambi gli estremi dello spettro. Il miglior modo per disegnare il tipo di personalità di un soggetto è osservare unicamente questo e costruirne la baseline.

Capitolo 3:
Come Trattano gli Altri

Il modo in cui si trattano gli altri dice molto di una persona. Numerosi studi hanno dimostrato che il modo in cui interagiamo con chi ci circonda, altro non è che un riflesso di ciò che pensiamo di noi stessi. Visto che molte delle nostre azioni, incluso il comportamento abituale e la personalità, derivano da cosa pensiamo di noi stessi, possiamo dedurne molte informazioni riguardo alla vera identità di ognuno.

Diamo un'occhiata ai due modi più elementari ed opposti con cui possiamo interagire col prossimo: odio e amore.

Persone Rancorose

Le persone che provano rabbia, spesso la esplicitano nei confronti degli altri. Sono scontrosi, spesso rudi, non hanno tatto quando si tratta dei sentimenti altrui, e fanno sentire le persone attorno a loro come se non fossero apprezzate e accettate. Il modo in cui si esprimono è molto pessimista e molto raramente mostreranno interesse o attenzioni positive verso qualcosa. Provocano dolore appositamente a chi li circonda attraverso le proprie parole o azioni. Quasi mai si interessano dei sentimenti altrui, a meno che non possano trarre giovamento da questi ultimi. Non sono spontanei o sinceri nelle loro intenzioni, semplicemente sembra che il loro unico obiettivo sia danneggiare gli altri.

Sfortunatamente avete un'alta probabilità di incontrare persone di questo tipo. Bisogna cercare di proteggersi preventivamente, e sapendo come analizzarli sarà semplicissimo evitare la loro ira. Aggiungiamo che, questa loro caratteristica la dice lunga su di loro.

Le persone adirate e sgarbate con gli altri, spesso portano con sé un grande conflitto interiore. Da un punto di vista analitico, questo può far trapelare numerose informazioni riguardo alla loro vera identità. Potrai combinare queste caratteristiche a quelle scoperte con l'analisi del tipo di personalità e dedurre che sono persone molto timide, insicure, e che vivono nel passato. O potresti scoprire che sono persone di base molto aperte ed estroverse, che però nell'ultimo periodo sono state provate da una grande quantità di stress. Fai attenzione perché le persone rancorose necessitano un'analisi molto più approfondita delle persone gentili.

Persone Gentili

Le persone gentili sono quelle che ci aiutano ad apprezzarci. Quando siamo con loro, tendiamo ad essere sicuri di noi e ottimisti. Ci fanno ridere, alimentano la nostra autostima, e sono sempre sinceri riguardo ciò che fanno e dicono. Pensano sempre agli altri prima di prendere una decisione, e se sanno di essere costretti a prenderne una che ferirà qualcun altro, avranno bisogno di molto tempo per accettarlo. Infatti, cercheranno in tutti i modi di trovare una soluzione dalla quale possano tutti trarre giovamento. Le persone gentili sono simpatiche, provano empatia, compassione, premura, e sono generalmente ottimiste riguardo la vita. Potrebbero sfruttare il dark humor per scherzo, ma non senza provarne rimorso, e la loro mentalità è sempre e comunque tendente al positivo.

Le persone gentili danno dimostrazione di sentirsi bene ad un livello profondo. Hanno tipicamente un'elevata intelligenza emotiva, ovvero sanno gestire le proprie emozioni *e* sanno manipolare un ambiente per renderlo il più positivo possibile, come se si trattasse delle loro stesse emozioni. Sanno tirare su il morale a tutti, probabilmente perché lo fanno anche con se stessi. Anche loro possono avere dei vizi, ovviamente, ma con tutta probabilità li sanno controllare. Le persone gentili hanno una grande consapevolezza di sé e tendenzialmente sanno come lavorare con diversi aspetti della propria personalità per esprimersi nel miglior modo possibile. Provano una pace interiore, grazie alla quasi totale assenza di pesi sulla coscienza.

Le persone gentili sono molto meno complesse ed intricate di quelle rancorose. Sono in pace con se stessi, e di conseguenza non hanno nulla che debba essere analizzato a livello comportamentale. Non soffrono, o comunque sanno gestire la sofferenza e placarla autonomamente. Se qualcuno è genuino nella sua gentilezza, non dovrai scavare

per capire qual è la causa della sua premura, perché è certo
che al disotto non ci sia altro che un sentimento di quiete.

Capitolo 4:
Parole Spia

Le parole che le persone scelgono rivelano molto della loro identità e della loro percezione di sé e della realtà. Quando inizierai ad ascoltare veramente ciò che uno dice, avrai la capacità di capire cosa pensa e sente riguardo al mondo che lo circonda e riguardo se stesso. Vediamo adesso alcune espressioni, le loro parole spia, e cosa ci rivelano queste su chi le proferisce.

"Ho di nuovo vinto quel premio."

La parola spia in questa frase è "di nuovo". Questo mostra che la persona che ha formulato la frase ha già vinto un'altra volta quel premio. Quindi ama gloriarsi, ma è anche probabilmente molto sicura di sé. Certamente potrebbe asserire che la scelta di parole è del tutto casuale, ma in realtà è a caccia dell'attenzione degli altri. Vuole che gli altri la lodino, con complimenti gentili ed edificanti, e di conseguenza usa la parola "di nuovo" come esca per pescare i complimenti desiderati.

"Ho lavorato sodo per rendere il mio sogno realtà."

La parola spia qua è "sodo". Questo significa che la persona ritiene i suoi sogni difficili da raggiungere e che necessita di una grande forza di volontà e costanza per giungere ai suoi obiettivi. È probabile che questo tipo di persona rifiuti un complimento dicendo che il suo successo è merito non suo ma del duro lavoro compiuto. Se fossi alla ricerca di un impiegato, sentendo una persona parlare in questo modo, saresti sicuro di avere davanti un individuo altamente produttivo e determinato.

"Ho pazientemente aspettato che il dottore mi chiamasse."

Ci sono molte cose che possiamo dedurre dall'utilizzo della parola "pazientemente". In primo luogo ci dice che la persona in questione era annoiata. O forse stava aspettando per fare un'altra cosa impellente, il che la rendeva ansiosa di finire. L'indizio più importante che possiamo dedurre è però che aveva una qualche altra faccenda per la testa che la faceva sentire impaziente perché, invece di risolverla, era dal dottore. Il fatto che fosse in attesa però ci trasmette che sa quali limiti non vanno superati, non essendo una persona frettolosa o ansiosa di natura. Ha infatti saputo aspettare pazientemente nonostante l'impellente questione in sospeso.

"Ho deciso di portare avanti questa scelta."

L'uso del verbo "decidere" ci rivela che la persona, prima di scegliere, ha dovuto pensare a lungo sul da farsi. Ha soppesato ogni soluzione, valutandone pro e contro, per infine scegliere quella che valutava migliore. Questa scelta di parole può anche rivelare che la persona ha avuto dei dubbi nel prendere la decisione, ma possiamo anche essere certi che non sia impulsiva. Non è giunta alle conclusioni senza averci pensato a fondo. Ha invece prestato attenzione ai dettagli, comparando ogni opzione. Una persona impulsiva avrebbe formulato la stessa frase come *"Ho semplicemente fatto quella scelta."* Con la parola *"semplicemente"* a significare la poca considerazione tenuta nel processo decisionale.

"Ho fatto la cosa giusta."

Questa espressione, più precisamente questa espressione con la parola *"giusta"* in essa, svela il fatto che chi ha compiuto l'azione fosse combattuto. Ha fatto qualcosa, ma ha dovuto affrontare un dilemma morale, etico o legale, che ha reso la decisione finale molto difficile. Se sentiamo questa espressione sappiamo che a prescindere da qualunque cosa abbia dovuto affrontare, la persona in questione ha avuto il coraggio di prendere la decisione più etica. Non ha preso la via più conveniente o facile, ha scelto ciò che era giusto. Questa è la proiezione della capacità decisionale e della lealtà del soggetto.

Capitolo 5:
Leggere tra le Righe

Oltre ad ascoltare ciò che una persona dice, è importante prestare attenzione a ciò che *non* dice. Cerca indizi che indichino i loro *reali* sentimenti nei confronti di ciò di cui stanno parlando. Presta attenzione al loro linguaggio del corpo, e prenditi il tempo per scovare gli indicatori che ti riveleranno molto di più delle parole in sé. Qui troverai alcuni consigli sulle tecniche per leggere tra le righe.

Cerca i Segnalatori Emotivi

L'emozione con cui vengono accompagnate alcune frasi o affermazioni, può essere molto più significativa delle parole stesse. Per esempio, se qualcuno dice "Non mi infastidisce affatto" ma ha un tono palesemente irritato puoi dedurre che è, a tutti gli effetti, infastidito. Anche se potrebbe non avere voglia di parlarne. Insistere sull'argomento potrebbe risultare controproducente, a meno che non conosci la persona in questione abbastanza da sapere di cosa ha bisogno in un momento di simile frustrazione emotiva. Se non te la senti, l'ideale è spingere la persona a lavorarci sopra riproponendo l'argomento successivamente, in un momento di calma.

Ascolta il Tono di Voce

L'intonazione della voce di una persona ti lascerà capire le sue emozioni, ma ti farà anche dedurre il significato di ciò che dice più a fondo. Vale a dire che se è di cattivo umore, ma sta scherzando, potrebbe non essere del tutto arrabbiata. Oppure sta utilizzando l'umorismo apposta per sentirsi meglio. Ancora possibile è che non abbia alcuna voglia di scherzare. In questo caso è sarcastica, ed utilizza questo sarcasmo per veicolare il suo cattivo umore. È un'ottima idea distinguere il tono di voce di una persona, perché ti aiuterà a chiarificare le sue vere intenzioni comunicative.

Analizza il Contesto

A volte potresti non sapere cosa una persona intende, se la stai sentendo fuori contesto. Se ad esempio stai analizzando qualcuno ma non sei coinvolto nel discorso, potresti essere totalmente all'oscuro dello scenario. Di conseguenza non capiresti il messaggio veicolato. Cerca il contesto: fatti un'idea di quale sia l'argomento principale, se il parlante è coinvolto emotivamente, e raccogli tutti i dettagli possibili. Più decifri il discorso e i sentimenti di chi parla, e più sarà facile per te leggere tra le righe per capire le vere intenzioni di chi parla, anche se non è sincero a riguardo.

Capitolo 6:
Linguaggio del Corpo di Base

Come probabilmente già sai, il linguaggio del corpo è una componente importante della comunicazione umana. Di conseguenza, se vogliamo analizzare qualcuno correttamente per capire cosa sta veramente dicendo, chi è, qual è la sua personalità, e qualsivoglia altra informazione, dovrai prestare molta attenzione al suo linguaggio del corpo. Come per il resto, ti servirà estrapolare una baseline del linguaggio del corpo del soggetto prima di cercare delle anomalie vere e proprie. Partiamo quindi dalle basi, prima di passare ad una analisi più complessa.

Braccia o Gambe Incrociate, Tendenza ad Indietreggiare

Uno dei segnali più semplici del linguaggio del corpo è l'incrociamento di braccia o gambe da seduti. Chi lo fa mostra chiaramente un atteggiamento di chiusura nei confronti di ciò di cui si sta parlando. Questa persona si vuole difendere, e il suo corpo reagisce rispecchiando questa intenzione. Non è più interessata a discutere l'argomento e probabilmente avrà una tendenza ad indietreggiare col corpo, come per sfuggire alla discussione.

La Pelle Attorno agli Occhi si Corruga Quando Sorride

Se quando qualcuno sorride si formano anche delle piccole rughe attorno ai suoi occhi, significa che il sorriso è sincero. Qualunque cosa abbia suscitato questa reazione, è stata veramente causa di felicità o positività nel soggetto! Le persone che quando sorridono non mostrano quelle rughe attorno agli occhi, stanno fingendo. Alle volte si sorride per nascondere ciò che si sta provando, per fingere interesse in ciò di cui si sta parlando, o per celare comunque qualcosa.

Copia i Tuoi Movimenti

Quando siamo interessati alle parole di qualcuno, tendiamo ad imitare il suo linguaggio del corpo. Se la persona è aperta e tende ad avvicinarsi a noi, faremo lo stesso. Se gesticolano molto, probabilmente ci ritroveremo anche noi ad agitare le mani mentre parliamo. Quando imitiamo inconsciamente il linguaggio del corpo di qualcuno mostriamo un reale interesse attivo. Se questo non succede, allora è indice di una mancanza di interesse nell'argomento discusso o nella persona che parla con noi.

Postura

Le persone che stando in piedi sono dritte e mantengono la schiena alta ed il collo retto, sono sicure di sé e aperte. Si sentono a proprio agio in quello che stanno facendo, o addirittura sentono di avere il totale controllo della situazione. Non stanno in alcun modo provando qualcosa di negativo. In caso contrario se sono leggermente chinate, hanno la testa piegata, o sono in qualunque modo ricurve su se stesse, è molto probabile che siano giù di morale. Potrebbero essere tristi per qualcosa, o semplicemente non sentirsi a proprio agio nella situazione in cui sono.

Sopracciglia Sollevate

Quando sei sorpreso, spaventato, o preoccupato, le tue sopracciglia tendono a sollevarsi. Se stai parlando con qualcuno e le sue sopracciglia improvvisamente si sollevano, è molto probabile che qualcosa della vostra conversazione lo stia contrariando o facendo sentire inquieto.

Annuire più del Dovuto

Hai mai notato che qualcuno annuisce molto, o addirittura lo fa talmente spesso che ti ha fatto pensare di farlo di proposito? Ebbene, questo segnala che la persona è molto ansiosa. Di solito le persone sono ansiose quando in cerca di approvazione, come ad esempio in una trattativa di lavoro. L'annuire eccessivamente indica che temono tu non approvi ciò che stanno dicendo, oppure che pensano tu non sia in grado di capire le loro istruzioni.

Mandibola Serrata

Una mandibola tesa è indice di stress. Se vedi qualcuno chiaramente teso nella zona di mandibola e collo, quasi sicuramente è sotto un grosso carico di stress. Potresti notare questo segnale per una frazione di secondo, o potrebbe venir fuori parlando di un argomento che cause stress all'interlocutore. Le persone stressate si irrigidiscono, di conseguenza cerca questo segnale per capire se la persona di fronte a te è stressata dal vostro discorso o addirittura da se stessa.

Capitolo 7:
Linguaggio del Corpo Avanzato

Oltre al linguaggio del corpo di base, vi sono segnali più complessi che possono svelarci importanti indizi sulle intenzioni di una persona. Questi possono aiutarti a capire i suoi sentimenti, cosa pensa, cosa la interessa e cosa no, ed altre importanti dettagli. Vai alla ricerca dei seguenti segnali complessi del linguaggio del corpo per scoprire pensieri e sentimenti delle persone con cui parli.

La Direzione dei Piedi

Che tu ci creda o no, la direzione dei piedi di una persona la dice lunga su cosa pensa. Se i piedi puntano verso una porta o una qualsivoglia uscita, allora sente il bisogno di scappare da una situazione che la mette a disagio. Oppure c'è un altro posto in cui preferirebbero trovarsi in quel momento. Se i piedi invece puntano l'interlocutore, allora è segno di interesse e partecipazione attiva alla conversazione. Se i piedi puntano in due direzioni, allora la persona è focalizzata su due obiettivi. Per esempio, se i due piedi puntano uno l'interlocutore e l'altro la pista da ballo è interessata alla discussione, ma vorrebbe anche alzarsi e ballare, probabilmente proprio con il suo interlocutore!

Reggersi un Braccio con la Mano Opposta

Se vedi qualcuno con il braccio sul petto che afferra il bicipite del braccio opposto, significa che è nervoso. Potrebbe sentirsi a disagio o comunque provare una qualche forma di paura nei confronti di chi lo circonda. Il braccio è la manifestazione del tentativo di creare una barriera tra sé e gli altri.

Puntare o Agitare il Dito Verso Qualcuno o Qualcosa

Questo è un tipico segnale di enfatizzazione. La persona che lo fa potrebbe essere arrabbiata nel tentativo di dimostrare la propria tesi, o potrebbe star cercando di attirare l'attenzione sull'oggetto del suo discorso.

Mani Aperte

Se le mani di qualcuno sono aperte e rilassate, allora dimostra di essere aperto e disponibile. Può essere in uno stato di condiscendenza, e probabilmente sta dicendo la verità. Ma potrebbe anche essere entusiasta della situazione che si sta prospettando. L'opposto sarebbe ovviamente segnalato da pugni chiusi e contratti, e indicherebbe che la persona è arrabbiata o contrariata dal discorso.

Mani nelle Tasche

Se qualcuno ha le mani sepolte in entrambe le tasche, quasi sicuramente si sta annoiando. Non è interessato all'argomento e alla situazione in cui si trova, ed esprime il suo disappunto infilando le mani nelle proprie tasche.

Caviglie Incrociate da Seduti

Se una persona seduta incrocia le gambe non accavallandole, ma tenendole dritte ed incrociando le caviglie, questa si sente sulla difensiva. Che le ginocchia siano attaccate o distanti non cambia il significato di questo segnale. Il corpo in questo caso sta lanciando un messaggio che dimostra un sentimento negativo, il quale porta ad una chiusura in se stessi sottile ma molto significativa.

Sfilarsi, Ricalzarsi e Giocare con le Proprie Scarpe

Segnale tipicamente femminile, facilmente lanciato se la persona indossa scarpe col tacco o aperte. Se la scarpa viene sfilata per metà e viene fatta dondolare è un segno di rilassamento. E a seconda della situazione la donna che lo fa potrebbe stare mostrando dell'interesse nel suo interlocutore. Se la scarpa viene sfilata e ricalzata ripetutamente è ugualmente una dimostrazione di rilassamento, ma accompagnata da una grande energia o tensione sessuale.

Ci sono inoltre numerosi altri segnali complessi facenti parte del linguaggio del corpo. In generale una persona che si senta rilassata adotterà una postura aperta e sciolta. Qualcuno di contrariato sarà invece chiuso su se stesso. Se arrabbiato sarà probabilmente meno chiuso e se triste sarà più chiuso. Se la velocità di movimento è alta, allora è segnale di nervosismo, o di estrema gioia. Se i movimenti sono lenti, al contrario sarà calmo e rilassato. Presta attenzione a questi e molti altri indizi del linguaggio del corpo, insieme all'analisi che hai imparato finora, per determinare esattamente cosa una persona sta pensando e provando.

Capitolo 8:
La Camminata

Il nostro modo di camminare rivela molte cose inaspettate. Si può infatti dedurre la considerazione che una persona ha di sé semplicemente osservandola mentre cammina. Tutto, dalla traiettoria al movimento dei piedi ci dà informazioni su di essa, e in questo capitolo imparerai a decifrarli.

Personalità

Che tu ci creda o no, il modo in cui una persona cammina ci dice molto della sua personalità. Vediamo un esempio: chi cammina veloce e determinato ha spesso un carattere dominante, e tende ad essere diretto e genuino. Sa cosa vuole e non esita a cogliere le occasioni. In caso contrario, le persone che cambiano spesso direzione camminando e tendono a fare avanti e indietro sono più artistiche e tendono ad "essere seguiti". Le persone che camminano in maniera diritta, sono pacate, tengono le braccia lungo i fianchi ed occasionalmente si fermano a parlare con gli altri, sono tendenzialmente quelli che "seguono". Se qualcuno cammina in maniera molto precisa, rispettando tutte le norme non scritte della camminata, come ad esempio accostandosi sulla destra per aspettare che le altre persone passino, è una persona cauta e remissiva.

Velocità

La velocità con cui una persona compie i passi dice molto su cosa sta provando in questo momento, e ci svela tutto quello che gli sta passando per la testa. Se cammina più velocemente e con convinzione, ha probabilmente una cosa in testa che è determinata a compiere. Se invece ha un passo lento e misurato significa che sta affrontando una riflessione complessa. Probabilmente sta vivendo un conflitto interiore o sta elaborando una notizia che gli è stata recentemente data. Un'ultima interpretazione è che potrebbe essere uno dei tipici sognatori, i quali anche camminando tendono a concentrarsi più sul mondo di fantasia che formano nella loro testa, piuttosto che sul mondo reale.

Emozioni

Come si può dedurre le emozioni di qualcuno che sta in piedi o seduto, lo si può fare anche con chi sta camminando. Se cammina con la schiena diritta ed il petto in fuori, quasi come se fosse più leggero, la persona è molto probabilmente spensierata e positiva. Se invece mantiene un passo pesante quasi incespicando, è quasi sicuro che stia provando una profonda tristezza o disappunto per un recente evento.

Suono dei Passi

Le persone che si muovono sempre silenziosamente, senza far sentire il rumore dei propri passi, sono generalmente quelle che vogliono evitare di immischiarsi o essere inopportune. Non vogliono che la loro presenza sia nota a chi li circonda. Molto probabilmente non hanno una grande stima di sé e non amano essere al centro dell'attenzione. Chi invece passeggia senza timore, e anzi provoca anche più rumore del dovuto, ha molta stima di sé e non teme l'attenzione altrui. Se invece la persona camminando fa decisamente molto rumore come se pestasse i piedi, è generalmente di cattivo umore, e lo esplicita attraverso il proprio passo pesante.

Camminare con gli Altri

Osservando le persone camminare insieme possiamo determinare come si sentono non solo riguardo se stesse ma anche nei confronti di chi sta camminando con loro. Se camminano con due ritmi diversi e faticano a sincronizzarsi con l'altro, questo è indice di un mancato equilibrio nella relazione tra i due. Potrebbero essere in un momento di incomprensione o aver da poco litigato. Se invece la loro camminata è ritmica e sincronizzata, allora deduciamo che il loro rapporto è stabile e solido. Se una delle due persone tende a stare davanti, ma viene sempre recuperata, significa che questa possiede la personalità trainante del rapporto, ma che tutto sommato il rapporto stesso è sano.

Capitolo 9:
Espressioni Facciali

Proprio come il linguaggio del corpo, anche quello del viso ci comunica molte cose! E infatti le espressioni facciali sono tecnicamente una componente del linguaggio del corpo. Ma è comunque meglio affrontarle separatamente, essendo queste ultime numerose e complesse. Vediamo innanzitutto quali sono le espressioni tipiche che le persone assumono quando provano una delle seguenti emozioni:

Ansia

Se una persona è ansiosa, i suoi occhi possono diventare lucidi. Non si tratta di lacrime, ma rimarranno comunque sempre lucidi. Le sue sopracciglia tenderanno a corrugarsi e il labbro inferiore potrebbe presentare dei micro-tremolii. Potrebbe presentare inoltre un mento corrugato e le labbra serrate. Il viso invece sarà probabilmente volto verso il basso per distogliere lo sguardo da cosa la preoccupa o dallo sguardo di chi potrebbe notare il suo stato d'animo.

Paura

Quando uno è spaventato avrà gli occhi spalancati e quasi sicuramente puntati verso il basso. La bocca è generalmente aperta, con un'espressione corrucciata. Le sopracciglia alzate ed il mento tirato verso l'interno. Infine per la carenza di afflusso sanguigno al volto, la pelle sarà leggermente pallida.

Rabbia

Quando ci si arrabbia, gli occhi si spalancano. Spesso fissiamo l'oggetto della nostra rabbia, quasi sicuramente con le sopracciglia spinte una contro l'altra. La fronte si corruga, e se si è arrabbiati abbastanza si può anche sentire il suono dell'aria spinta fuori con forza dalle narici. La bocca può essere contratta con forza o aperta, con labbra sottili e denti digrignati. Di norma poi il mento viene proiettato all'infuori e la pelle può assumere un colore rossastro.

Felicità

Quando una persona è contenta sorride. A seconda di quanta gioia prova, il sorriso può essere stretto e nascosto o largo e brillante. Probabilmente ride o è comunque molto più facile suscitarne una risata rispetto a chi prova un'altra emozione. Avrà sicuramente la pelle corrugata ai lati degli occhi, essendo questa la prova della genuinità del sorriso. Gli occhi possono sembrare quasi brillare, e le sopracciglia saranno impercettibilmente sollevate. La testa è dritta e il viso è volto in avanti.

Tristezza

Le persone tristi tendono ad evitare il contatto visivo. Per questo quasi sempre guardano verso il basso. Possono piangere, o avere gli occhi lucidi come se stessero per farlo. Le labbra vengono morse, come per evitare di far fuoriuscire il sentimento, e la testa sarà rivolta in direzione opposta alle persone che incontrano.

Desiderio

Quando si prova un forte desiderio verso qualcosa o qualcuno gli occhi e le pupille si dilatano. Le sopracciglia sono leggermente sollevate, una tipica dimostrazione di interesse verso chi si ha davanti. Le labbra possono essere leggermente schiuse o corrugate. Può anche comparire un sorriso, a seconda delle circostanze. La testa quasi sicuramente si inclina in direzione dell'oggetto o della persona desiderata, proiettando nel movimento il desiderio di raggiungerla.

Interesse

Se qualcuno è interessato ad una cosa o ad una persona, questi tende ad adocchiare spesso l'oggetto del proprio desiderio. Le sue palpebre possono anche sbattere come per focalizzarsi ancora di più. L'espressione del volto viene aperta da delle sopracciglia leggermente sollevate. Si può anche notare una contrazione delle labbra nel tentativo di avvicinarsi a chi o a cosa è in quel momento causa dell'interesse.

Noia

Le persone annoiate tendono a voltare via lo sguardo senza un'espressione particolare in volto. Sembra come se non stiano guardando nulla in particolare, ma lo stesso sembra ci sia concentrazione nel loro sguardo. Questo perché sono persi nei loro pensieri, nel tentativo di rifuggire alla situazione o discorso che li sta annoiando. Potrebbero sembrare accigliati. Se sono particolarmente annoiati, possono anche aver appoggiato la testa su un oggetto o su una mano.

Sorpresa

Le persone, quando sorprese, tendono ad avere un'espressione particolarmente aperta. Le labbra sono leggermente aperte, le sopracciglia sollevate al massimo e gli occhi spalancati. La loro testa potrebbe essere addirittura inclinata da un lato o all'indietro.

Disgusto

Le persone che si sentono disgustate hanno la testa solitamente rivolta dalla parte opposta di ciò che ha suscitato tale sensazione negativa. Possono anche esalare aria rumorosamente dal naso, rivolto anch'esso lontano dalla fonte del disgusto, e serrano la bocca. Spesso spingono anche la loro lingua contro l'interno delle labbra serrate. Il mento è solitamente proiettato verso l'alto.

Compassione

Quando qualcuno prova pietà per qualcun altro, la tendenza è quella ad un'espressione delicatamente triste. Gli occhi sono tipicamente fissi e possono essere lucidi. Le sopracciglia potrebbero tendere a congiungersi, e la testa si gira da un lato.

Capitolo 10:
Leggere Lo Sguardo

Si può dedurre molto sui pensieri o sulle intenzioni di qualcuno basandosi sul suo sguardo. Si dice che gli occhi siano lo specchio dell'anima, e potrebbe essere vero imparando a leggerli correttamente. Vediamo quali informazioni possiamo trarre dal contatto visivo, o dall'assenza di esso.

Contatto Visivo Costante

Il contatto visivo è molto importante, ed è comune che si protragga in alcune conversazioni. In ogni caso, soprattutto secondo la cultura occidentale, è comune che il contatto visivo si mantenga per un periodo dai 7 ai 10 secondi, intervallato da dei piccoli distoglimenti dello sguardo. Se qualcuno mantiene il contatto visivo più a lungo, è possibile che stia mentendo. Ciò significa che sta attentamente leggendo la tua espressione alla ricerca di conferme sulla presenza o meno di fiducia da parte tua.

Contatto Visivo Intermittente

Chi ha difficoltà a mantenere il contatto visivo tendenzialmente si sente in colpa. O alternativamente sta cercando di nascondere qualcosa. È infatti una dimostrazione del timore di essere "letti" e di poter lasciar intuire all'interlocutore cosa si stia nascondendo.

Eccessivo Battito delle Palpebre

Nonostante battere le palpebre sia un bisogno fisiologico, e qualcuno lo può fare più di frequente a causa di condizioni cliniche come la secchezza oculare, in molti casi potrebbe essere un indicatore di qualcosa di più profondo. Se non è causato da una condizione clinica, chi sbatte le palpebre più del necessario potrebbe essere attratto dal suo interlocutore. Conseguentemente le palpebre vengono chiuse più di frequente in quanto manifestazione inconscia del tentativo di fare colpo sulla persona che si ha di fronte.

Direzione dello Sguardo

La direzione dello sguardo dice molto sul focus dell'attenzione di qualcuno. Può anche dirci i suoi pensieri ed emozioni. Se ad esempio lo sguardo punta verso sinistra, sta ricordando qualcosa. Se invece lo sguardo è volto a destra, sta pensando a cosa dire. Di conseguenza se chiedi a qualcuno cosa ha fatto ieri sera e prima di risponderti guarda verso destra, molto probabilmente la risposta non sarà veritiera.

Capitolo 11:
Grafia

La grafia di qualcuno può darci un'idea generale della sua persona. Anche se la grafologia è un tipo di analisi che richiede anni per essere padroneggiata, ci sono alcuni indicatori di base e accortezze che possono aiutarti ad imparare di più su una persona partendo dalla sua grafia.

Dimensione delle Lettere

La dimensione che si dà alle lettere scritte a mano indica il grado di introversione o estroversione. Chi descrive lettere grandi con lunghi tratti, tende ad essere estroverso. Al contrario chi scrive lettere piccole è molto probabilmente introverso.

Spazio tra le Lettere

Se noti che una persona lascia molto spazio tra una lettera e l'altra, allora è libera ed indipendente. Ama vivere e seguire i propri ritmi, piuttosto che adattarsi agli altri. Chi invece scrive le lettere una vicino all'altra è l'opposto, quindi amerà la compagnia degli altri e stare a stretto contatto con le persone. Se l'autore della grafia scrive addirittura le lettere *molto* appiccicate l'una all'altra, allora non saprà rispettare appieno gli spazi personali altrui.

Pressione

Le persone che calcano molto le lettere scrivendo a mano, sono tese e potenzialmente aggressive. Se invece la pressione esercitata nella loro grafia è tutto sommato media, tenderanno ad essere delle persone fedeli e capaci di impegnarsi. Chi infine ha una grafia molto leggera e calca pochissimo quando scrive, ha allora una sensibilità superiore alla media e tende ad avere un lato empatico sovrasviluppato.

Il Puntino sulle I

Le persone che mettono il puntino molto più in alto, distante dalla "i" sono fantasiose e creative, mentre chi il puntino lo scrive più vicino tende ad essere una persona razionale, focalizzata sui dettagli. Se invece il puntino è leggermente scostato verso sinistra, l'autore è un procrastinatore, e se è perfettamente centrato sulla "i" sarà una persona proattiva e potenzialmente spensierata.

Firme

Ci sono due tipi di firme analizzabili quando si vuole dedurre la personalità di qualcuno dalla sua grafia: firme leggibili e firme non leggibili. Più la firma è leggibile e più la persona che l'ha scritta sarà sicura di sé e a suo agio. Dall'altro lato se la firma è praticamente incomprensibile, l'autore sarà una persona più riservata e difficile da interpretare.

Capitolo 12:
Azioni Umane

Ogni azione che compiamo viene considerata come parte del nostro comportamento naturale. Le azioni che compiamo sono un importante scorcio sulla nostra identità e sui nostri pensieri e sentimenti. Quando compiamo attivamente un gesto, questo permette di identificare la tendenza dell'individuo in diverse situazioni. Vediamo quindi alcuni esempi dai quali possiamo ottenere delle informazioni sicure basandoci sugli atti di una persona.

Giovanni sta facendo la fila alla gastronomia. Una persona si infila davanti a lui saltando la coda. Questa guarda spesso l'orologio e sembra essere molto in ritardo per qualcosa. Giovanni è chiaramente infastidito, specialmente perché anche lui è di fretta. In ogni caso si accorge che la persona in questione è molto più angosciata di lui, e di conseguenza non interviene in alcun modo.

Probabilmente Giovanni è una persona con una profonda intelligenza emotiva. Anche se gli è stato fatto un torto, nota che la persona che ha tagliato la coda ha probabilmente più bisogno di lui di quel posto, e di conseguenza non la turba ulteriormente. La sua scelta di non agire la dice lunga sul tipo di persona che è Giovanni: pacato e riservato. Anche se ha una spiccata intelligenza emotiva, è con tutta probabilità anche una persona arrendevole e nervosa. Potrebbe avere una scarsa stima di sé, ed è possibile che si sacrifichi spesso per gli altri, al punto di annullare sempre i propri bisogni fino a farsi calpestare.

Caterina è in coda per fare il biglietto. Una coppia le si piazza davanti tagliando la coda. Visibilmente arrabbiata, li tocca sulla spalla chiedendogli se si sono accorti di cosa hanno appena fatto. Loro per tutta risposta chiedono scusa imbarazzati dicendo di non essersi resi conto che lei fosse in coda. Lei borbottando tra sé e sé riprende il proprio posto, mentre i due le passano dietro.

Caterina è di cattivo umore o semplicemente ha una scarsa intelligenza emotiva e di conseguenza non sa come gestire bene le proprie emozioni. Quando la coppia si intrufola erroneamente davanti a lei, gli si rivolge con un tono apertamente aggressivo. Invece di capire che avevano semplicemente fatto un errore, continua ad essere di malumore e si sposta lamentandosi. Questo mostra anche che probabilmente fa difficoltà a fidarsi degli altri. La sua rabbia è anche un riflesso di ciò che ha dentro. Potrebbe infatti essere frutto di una delusione recente o di qualcosa che Caterina prova da lungo tempo.

Giuseppe sta facendo la coda per ordinare al bar. Un uomo vestito di tutto punto lo squadra e poi gli si mette davanti in coda. Giuseppe rimane un attimo spiazzato, ma subito gli dice: "Mi scusi, guardi che la coda inizia là dietro." Il distinto signore allora guarda Giuseppe e tutte le persone dietro di lui. Con gli sguardi di tutti puntati addosso, restituisce a Giuseppe il suo posto in coda e va a mettersi ordinatamente in fondo.

Giuseppe ha chiaramente un'intelligenza emotiva superiore alla media, e sa farsi valere per ottenere ciò che sa essere suo. Non è insicuro nel dire al signore l'errore che ha appena compiuto, ma sa anche comunicare con gentilezza. Difatti lo informa e gli permette di correggere lo sbaglio appena fatto. Non si incaponisce ed evita di essere sgarbato, semplicemente mette le cose in chiaro ed esce da questa situazione a cuor leggero. Giuseppe è quasi sicuramente una persona calma e corretta, sicura di sé in una maniera non arrogante, ma umile.

Capitolo 13:
Pensiero Umano

I pensieri ed immagini mentali che sviluppiamo nel corso della vita, sono etichettabili sotto il nome di "cognizione". Nell'analizzare le persone, cerca sempre di identificare le loro immagini cognitive. Questo può puntarti verso le giuste deduzioni in merito alla loro identità e personalità. Ma guardiamo alcuni esempi.

"Più tardi devo fare la spesa." VS. "Devo ricordarmi di fare la spesa più tardi."

Nonostante siano molto simili, queste due frasi differiscono per alcuni importanti indizi riguardo chi le proferisce. Nel primo caso alla persona è semplicemente venuto in mente cosa farà dopo. Significa che sta semplicemente pensando ad alta voce alle sue commissioni. La seconda invece è chiaramente l'affermazione di una persona distratta. Dicendo *"Devo ricordarmi di..."* sta probabilmente pensando alle altre volte in cui si è dimenticata qualcosa. Questo ci dimostra che ricorda gli errori fatti nel passato e per questo ci si aggrappa più a quella dimensione rispetto che a quella presente.

"Vorrei sapere cosa pensa di me." VS. "Spero di aver fatto una buona impressione."

La prima frase è frutto di curiosità, la seconda di una forte preoccupazione. Quando qualcuno è curioso riguardo a qualcosa, spesso citerà l'oggetto della curiosità, che in questo caso è una persona. Probabilmente sta pensando al loro ultimo incontro o appuntamento e si chiede cosa ne pensi l'altro. Con tutta probabilità non è preoccupato o preoccupata di cosa pensi l'altra persona. Nel secondo caso invece è proprio la preoccupazione a far scaturire una scelta di parole simile. Probabilmente chi lo dice ha in mente le volte in cui ha fatto una brutta figura o le volte in cui è stato rifiutato. Nonostante la frase si riferisca all'ultimo incontro avvenuto, nella mente della persona sta avvenendo un paragone con tutti quelli passati, in una maniera quasi ossessiva.

Conoscere a Memoria i Testi di una Canzone o le Battute di un Film

Quando le persone citano a memoria testi di canzoni o battute di un film, stanno aprendo per l'interlocutore una finestra sui loro interessi. Infatti data la loro passione, sono state capaci di memorizzare tale informazione. Se quindi sentite qualcuno cantare una canzone mentre ascolta la radio, significa che ha sentito più volte quel brano, e ne è affascinato. Molto probabilmente avrà dei bei ricordi che associa a quella canzone o film, o riesce ad immedesimarcisi al punto di derivarne una sensazione positiva.

Capitolo 14:
Emozioni Umane

Le emozioni sono uno dei componenti del comportamento umano, e comunicano a chi sta intorno le sensazioni del portatore riguardo se stesso ed il mondo circostante. Ci sono due tipi di emozioni: effimere e durature. Le seconde sono una specie di tendenza emotiva che il soggetto seguirà per tutta la vita, mentre le prime sono generalmente connesse ad uno specifico evento, argomento o circostanza.

Emozioni Effimere

Queste sono la risposta emotiva di una persona ad uno specifico evento o circostanza in cui si è imbattuta di recente. Esse sono spesso emozioni che sorgono in una frazione di secondo ed altrettanto velocemente sfumano via, per far ritornare la persona in questione alla sua "tendenza emotiva" di sempre.

Le emozioni effimere emergono spesso in risposta ad eventi di vita quotidiana. Ad esempio uno può essere arrabbiato nei confronti del proprio capo, ma poco dopo provare un enorme sollievo nel pregustarsi il momento in cui la giornata lavorativa terminerà. Potrebbe poi rimanere deluso dalla cena che gli è stata preparata, ma poi improvvisamente contento nel ricordarsi di aver avanzato del dolce la sera prima. Questo tipo di emozioni sono passeggere ed hanno un'intensità significativa solo per pochi istanti. Poi, con la stessa velocità, scemano.

Emozioni Durature

Le emozioni durature possono essere il risultato di una combinazione di emozioni effimere oppure la conseguenza di un'importante esperienza recente. Ad esempio, una persona può avere avuto una giornata che è stata negativa in diversi aspetti. Magari è arrivata tardi, un suo appuntamento è saltato e ha dovuto interrompere la pausa pranzo per un'emergenza lavorativa. Poi è uscita tardi dal lavoro, stanca, e ha preso una cena deludente in un posto che non fa cibo buono, ma a buon prezzo. A causa dei diversi momenti pessimi nell'arco della giornata, potrebbe provare un'emozione duratura negativa che l'ha accompagnata da mattina a sera. Questa emozione può anche durare diversi giorni, fino a quando non scema o qualcosa non la interrompe permettendo alla persona di tornare alla propria "tendenza emotiva".

In un caso opposto il soggetto potrebbe essere andato ad un concerto del suo artista preferito. È così entusiasta per l'evento che l'emozione duratura positiva lo accompagna prima, durante e dopo lo spettacolo. Difatti l'entusiasmo potrebbe durare ancora giorni o settimane dopo la fine del concerto. Infine avviene uno slittamento verso la solita "tendenza emotiva" di sempre.

Tendenze Emotive

La tendenza emotiva di una persona è essenzialmente il suo profilo emotivo di base. Questa è una ristretta selezione di emozioni che a grandi linee permeano tutta la vita della persona. Di solito si limitano a non più di due o tre. Un individuo può essere conosciuto come ottimista, tendenzialmente felice, ed entusiasta della vita. Questo potrà provare certamente delle emozioni effimere negative, ma tornerà sempre alla sua originale tendenza emotiva gioiosa. In altri casi si può essere tristi, arrabbiati, frustrati, sensibili o qualunque altro tipo di emozione. Ogni emozione che la persona prova "tipicamente" è riconosciuta come la sua tendenza emotiva.

Capitolo 15:
Forma Mentis

Capire la *forma mentis,* ovvero il modo di pensare di qualcun'altro è compito assai difficile. Necessita molto esercizio e pazienza costante. Bisogna poi anche accettare che mai e poi mai sapremo con assoluta certezza cosa una persona pensa, o almeno non finché questa non ce lo comunicherà. Tienilo sempre a mente ed assicurati di non utilizzare le tue osservazioni analitiche per dedurre certezze ineluttabili. Cerca invece di ricordarne sempre l'ipoteticità, in modo da trovare correttamente le prove di cui hai bisogno.

Capire Cosa la Persona Considera "Normale"

Il modo in cui le persone rispondono ai quesiti svela una parte importante di loro. Allo stesso modo, come affrontano diversi argomenti, ti lascerà dedurre cosa queste reputino "normale" Ascolta attentamente il loro tono di voce quando parlano. Se parlando con un tono di voce alto e convinto, allora stanno descrivendo qualcosa che ritengono nella norma. Ad esempio se qualcuno dice senza esitazione "Ogni mattina mi alzo e bevo un caffè", non solo sta descrivendo una sua azione quotidiana che tutte le mattine compie, ma sta anche comunicando il fatto che lo reputa nella norma. In altre parole, ritiene plausibile che molti lo facciano o lo farebbero senz'alcun problema.

Deducendo che bere il caffè la mattina è normale per una persona, non abbiamo scoperto nulla di straordinario, ma prova ad applicarlo ad altre situazioni. Come ad esempio una riunione di lavoro: se qualcuno dicesse senz'alcuna esitazione "Lascia perdere quella persona. Dobbiamo a tutti i costi pareggiare il bilancio", allora chi lo ha detto ha una chiara tendenza ad ignorare il lato etico pur di conseguire i propri obiettivi (in questo caso il guadagno). Non si preoccupa affatto di poter fare del male agli altri e reputa il suo atteggiamento normale.

Chiedere alle Persone Secondo Loro Quale sia l'Opinione Altrui

Se chiediamo a qualcuno la propria opinione riguardo ad un soggetto casuale, molto probabilmente quel qualcuno si autocensurerà. Alle persone non piace lamentarsi delle cose o rischiare di sembrare troppo critici o presuntuosi. Se invece gli si chiede di dire quale sia l'opinione di un'altra persona riguardo lo stesso soggetto, allora sì che quasi certamente saranno sinceri. Se vuoi ottenere una risposta sincera da qualcuno, allora prova a porre domande come: "Qual è la lamentela più frequente dei clienti di quel negozio?" In questo modo non starai chiedendo alla persona qual è la *sua* lamentela, e lei non ometterà o censurerà alcuna informazione. Sicuramente non vorrà esplicitare le proprie lamentele, ma le confesserà subito se mascherate come le lamentele di qualcun'altro. Infatti questo stratagemma fa sì che la persona non si senta sotto pressione e, rilassandosi, sia più propensa a dire la verità. Se hai bisogno di risposte oneste e giudizi oggettivi su qualcosa, usa sempre questa tattica.

Poni Domande Generiche ed Analizza le Risposte

Le risposte che le persone danno sono tipicamente frutto della loro esperienza personale. Conseguentemente, se si chiede a qualcuno cosa prova o pensa di un determinato macroargomento, di riflesso si otterrà un grande quantitativo di informazioni sulla sua vita. Sembra facile, ma ricorda: vai a caccia di indizi e leggi sempre tra le righe. Se risponde con convinzione pensa che sia normale, ed è anche sicuro di sé ed orgoglioso. Se risponde con calma e lentamente, è un pensatore, meticoloso. In aggiunta capisci che non si è mai soffermato seriamente su quell'argomento e che necessita di tempo per elaborarne un giudizio. Il modo in cui uno risponde svela i suoi pensieri, i rapporti tra lui e l'oggetto della discussione, e in cosa crede davvero.

Capitolo 16:
Ambiente

L'ambiente in cui una persona vive ci dirà molto su di essa, ma ci potrà anche suggerire quale tipo di situazioni questa vive quotidianamente. Non focalizzarti solo sulla persona, le sue parole e i suoi segnali non-verbali. Osserva anche il suo habitat. Cerca di capire se puoi impararne qualcosa riguardo il contesto o la sua vita.

Se stai effettuando un'analisi parziale e momentanea, potresti non capire l'ambiente in cui vive chi osservi. Bisogna invece analizzarlo nel proprio ambiente quotidiano perché l'analisi sia completa e accurata. Prendiamo d'esempio una coppia elegante in un ristorante di lusso. Se questi sono calmi e a proprio agio, probabilmente sono abituati a trovarsi in un simile posto. Magari ci vengono spesso o sono comunque abituati ad uno stile di vita opulente. Se al contrario sembrano essere a disagio o quasi imbarazzati, sicuramente non sono abituati a trovarsi in quel tipo di circostanze. Magari sono soliti avere un normalissimo stile di vita nella media, e stanno facendo qualcosa per spezzare la routine. Forse è per loro un'occasione speciale, o forse si stanno premiando per qualche traguardo con qualcosa più esclusivo del solito.

Oltre all'ambiente in cui si trova nell'istante presente, prova ad immaginare la persona che percorre i suoi attimi di vita quotidiana. Come ad esempio potrebbe essere la sua casa? Se è piccola e tutta in disordine, allora è probabilmente qualcuno che non si preoccupa delle apparenze, e vive una vita potenzialmente frenetica e stressante. Quasi sicuramente è anche una persona pigra e poco attiva. Se invece la casa è pulita e bene organizzata, la persona tiene alle apparenze, ed ama dare un ordine alle cose. Puoi anche osservare la sua postazione di lavoro, la sua macchina, i posti in cui abitualmente passa molto tempo, e gli ambienti frequentati insieme ad amici e parenti. Se ad esempio il soggetto vive in una casa perfettamente ordinata, ma tutti i suoi amici tendono alla confusione e al disordine, sicuramente apprezza l'ordine e trova edificante dedicare tempo alle piccole cose, ma sa accettare anche chi si sente a proprio agio in un tipo di ambiente diametralmente opposto al suo.

L'ambiente in cui una persona vive, e quelli che è abituata a frequentare, insieme alla percezione che essa stessa ha di questi, renderà manifesta la sua identità e le sue abitudini. Può anche suggerire cosa pensa di se stessa e se ha o non ha fiducia di sé.

Capitolo 17:
Sfruttare la Prima Impressione

L'analisi comportamentale non è unicamente un mezzo per comprendere le persone più a fondo, ma anche un'ottima strategia per migliorarsi ai loro occhi! Con le conoscenze avanzate che hai appreso fin qui, potrai sempre fare un'ottima prima impressione e far sì che le persone ti ammirino grazie al vostro primo incontro. Sapere adattarsi in base ai gusti, gli interessi e le preferenze di qualcuno è il miglior modo per assicurarsi un'ottima prima impressione, e l'apprezzamento da parte sua sarà garantito. Vediamo quindi alcune strategie con le quali applicheremo ciò che hai già imparato per condizionare la percezione del tuo "primo incontro".

Creare un Legame con la Persona

Le persone sono naturalmente attratte da chi ha diversi aspetti e caratteristiche in comune con loro. Se riesci ad analizzare una persona il più tempo possibile prima di incontrarla per la prima volta, avrai allora tutto il necessario per riuscire a creare quella connessione. Prendiamo l'esempio del colloquio di lavoro. Se intravedi la grafia del tuo interlocutore ed intuisci che sia amichevole ed estroverso, allora potrai mostrarti aperto e cordiale anche tu in modo tale da fare colpo quasi sicuramente. Non avere timore di sfruttare un po' di senso dell'umorismo e di rendere l'esperienza troppo scherzosa o amichevole. Se invece noti che la sua grafia è stretta e compatta, allora saprai bene che non è affatto estroverso. Difatti sarà riflessivo ed analitico e quasi sicuramente cercherà un impiegato professionale e pacato. Di conseguenza potrai tenere un tono di voce basso, un'attitudine seria nel complesso, presentandoti in maniera formale e che lasci intendere le tue capacità di impegno lavorativo.

Se hai avuto l'occasione di fare un'analisi approfondita di qualcuno, ad esempio grazie ad alcuni incontri precedenti, avrai allora un gran numero di assi nella manica da poter sfruttare per il vostro primo incontro da soli. Prova ad immaginare di avere un primo appuntamento con una persona del tuo ufficio. Già ci sono state molte occasioni in cui vi siete incrociati ed hai notato una sua tendenza ad essere aperta e scherzosa. Ma hai anche notato che è una persona che preferisce essere discreta riguardo alla propria vita privata e che ha un qualche lato nascosto. Non punti a scoprire subito questo suo lato nascosto, ma grazie alle tue conoscenze eviti di metterla in una situazione che possa farla sentire a disagio. Piuttosto che chiederle direttamente delle informazioni troppo personali aspetti che sia la persona ad aprirsi pian piano. E nel frattempo, essendo questa amichevole, potrai affrontare argomenti più leggeri e meno personali, fino a quando il vostro legame non si sarà rafforzato a sufficienza.

Saper plasmare un'ottima prima impressione vuol dire cooperare con e saper sfruttare il tipo di personalità dell'interlocutore, in modo tale da creare una situazione in qui questo si sentirà non solo a proprio agio, ma anche pronto per creare un legame con te. Potrai fare più attenzione alle cose che sai infastidire chi ti sta di fronte, o potrai usare con sicurezza un tono di voce più alto e fermo sapendo che non lo interpreterebbe come un segno di arroganza. AL contrario molto probabilmente imiterà il tuo tono unendosi alla conversazione. Mantenere un tono, un ritmo ed una cadenza simili fa sì che si possa creare il legame che segnerà positivamente il vostro primo incontro.

Adottare Atteggiamenti che Apprezza negli Altri

Se hai avuto abbastanza tempo per analizzare una persona, allora probabilmente avrai carpito qualche indizio sul tipo di persone di cui si è circondata nella vita. Prestare attenzione ed individuare chi sono i suoi amici, che persona ammira, e quali celebrità trova d'esempio, ti lascerà intuire che tipo di caratteristiche apprezza nelle persone. Sfruttando quindi questa scoperta potrai calarti in quella parte. Sarai di conseguenza calmo e pacato, o chiassoso e simpatico, estroverso o piatto, o qualunque altra cosa tu abbia scoperto fa piacere alla tua controparte. Svelando i suoi gusti in quanto a persone, saprai come essere perfetto per il primo incontro. Inoltre saprai quali atteggiamenti dovrai evitare perché detestati dalla persona che hai analizzato, escludendo così ogni possibilità che subentri anche solo un minimo elemento negativo nel vostro incontro.

Se non sei completamente sicuro di che tipo di persone ammiri o stimi, cerca dei segnali. Torniamo all'esempio del colloquio di lavoro. In questo caso il tuo obiettivo è rendersi una risorsa preziosa ai loro occhi. Sicuramente non avrai la più pallida idea di quali persone apprezzi il tuo interlocutore, chi ammira, o chi siano i suoi amici. Ma in ogni caso hai avuto modo di interagire con degli altri loro impiegati. Che tu abbia conoscenze tra i dipendenti, o che tu li abbia visti solo per alcuni minuti prima che iniziasse il colloquio, hai dedotto alcune caratteristiche chiave sulla loro identità. Se noti delle somiglianze tra tutti, ad esempio sono tutti sorridenti o vedi che c'è una grande complicità, allora sai che quelli sono i tratti ricercati dal tuo potenziale datore di lavoro. Fai attenzione e cerca sempre l'informazione che ti permetta di aprire uno spiraglio a tuo favore.

Sii Onesto Riguardo Te Stesso

Qualcosa di facile ed assolutamente impagabile è riuscire ad essere onesti su noi stessi durante un primo incontro. Innanzitutto, se si mente eccessivamente sulla nostra identità è molto probabile che il nostro interlocutore veda oltre la nostra recita e distingua ciò che è vero da ciò che non lo è. Ricorda, se apprezza particolarmente certi tratti o caratteristiche in una persona, significa che conosce bene le persone di quella tipologia e sa distinguerle dalle altre. Di conseguenza saprà riconoscere una bugia portata troppo in là, o altrimenti al posto di fare una buona impressione, rischierai solo di sembrare inaffidabile e falso. Oppure addirittura potresti dare l'impressione di non sapere con precisione chi tu sia, risultando così scialbo e privo di personalità.

Il segreto è di essere sincero su chi tu sia, ma sapere amplificare a regola d'arte le parti di te che la persona davanti a te apprezza negli altri. Magari sei molto introverso, ma il tuo senso dell'umorismo è famoso tra tutti i tuoi amici. Anche se non ti viene naturale l'essere scherzoso e rumoroso, potresti attirare l'attenzione su quel tuo senso dell'umorismo per mostrare alla persona di fronte a te che non sei timido e che anzi hai una caratteristica che lei apprezza molto. Sii onesto riguardo te stesso, ma amplifica le parti che sai possano fare colpo.

Adattati alle Circostanze del Discorso

Se non hai idea di che parti di te amplificare, fatti semplicemente guidare dall'altra persona. In poco tempo avrai un'idea di chi è e cosa apprezza. Allora potrai seguire le sue orme e condividere alcune parti di te. Ad esempio potrebbe presentarsi con un caloroso ed energico "CIAO!", al che sapresti che è estroversa e solare e che potrai essere aperto ed estroverso anche tu. Se al contrario la presentazione sarà un pacato e serio "ciao" con una stretta di mano, saprai di dover rimanere calmo e distinto, e mantenere un tono di voce basso. Adattati sempre in ogni momento a ciò che scopri dell'altro, e lascia che sia lui a condurre le danze. Così facendo saprai architettare alla perfezione un'ottima prima impressione grazie ai frutti di un'analisi costante.

Capitolo 18:
Reinterpretazione di Sé

Oltre che migliorare le prime impressioni, puoi anche modellare il modo in cui gli altri ti percepiscono nella tua vita quotidiana. In pratica puoi reinterpretare te stesso per essere apprezzato di più da chi ti sta intorno. Attraverso l'analisi delle persone puoi esprimerti in modo tale da veicolare meglio la tua identità. Ecco come:

Crea la tua Baseline

Inizia creando da zero una tua baseline nell'analisi degli altri. Inizia a conoscerli e a scoprire cosa gli piace e cosa no, per farli sentire compresi più a fondo. Prenditi il giusto tempo per scoprire anche i lati che ti vorrebbero nascondere e sapere così chi sono e cosa veramente apprezzano. Più dettagli metti a nudo, meglio è. L'idea di fondo è conoscere qualcuno talmente bene da sapere ogni tuo atteggiamento che reazione può suscitare.

Devi sapere poi che oltre alla baseline di ogni individuo, anche la società ha una sua forma di baseline. Che le abbiano studiate o no, le persone utilizzano inconsciamente alcune regole comportamentali. Alcuni tipi di linguaggio del corpo, espressioni facciali, ed uso delle parole ci dicono molto sull'identità degli altri. Sapere che tutti interpretano seppur inconsciamente, questi segnali, ti permetterà di reinterpretare la percezione che loro hanno di te e modificarla a tuo piacimento.

Porsi un Obiettivo

Quando ti reinterpreti, poniti un obiettivo. Come vuoi essere percepito? Vuoi che gli altri ti vedano distinto e calmo, o esuberante ed estroverso? Oppure sicuro di té, affascinante? Quali caratteristiche vuoi che gli altri notino per prime in te? Prenditi il giusto tempo per decidere cosa vuoi che gli altri pensino di te, e determina di conseguenza il tuo obiettivo. Sii chiaro con te stesso in modo tale da sapere a cosa stai andando incontro.

Oltre che decidere un obiettivo generale, determina anche se vuoi emanare una diversa personalità in base alla situazione in cui ti trovi. Prendiamo d'esempio una riunione di lavoro alla quale vuoi spiccare come sicuro di te, capace di dare ordini e di prendere decisioni importanti. Sapendo ciò, ora sai anche come agire di conseguenza, come parlare, e come comportarti per dare agli altri l'immagine di te che hai progettato. Visto che probabilmente non conoscerai tutte le persone che presenzieranno alla riunione, nell'elaborazione della strategia, attieniti alla baseline generale della società in cui vivi.

Puoi porti quanti obiettivi preferisci. Uno generale per tutta la tua vita sociale, ma anche uno per ogni diversa situazione di vita quotidiana. Considera ogni aspetto. Pensa alla diversa percezione che vuoi abbiano di te amici, conoscenti, estranei, colleghi, superiori, parenti e potenzialmente chiunque altro potrai incontrare. Stabilisci quindi i singoli obiettivi per ogni categoria di persone che hai distinto e cerca di tenerli bene a mente, soprattutto nel momento in cui li dovrai applicare!

Agisci Secondo il tuo Piano

Una volta che sai come agire, il passo successivo è ottenere ciò che desideri! Fai attenzione al tuo comportamento attuale e cogli le occasioni che ti capiteranno per modificarlo in direzione dell'obiettivo che ti sei posto in precedenza. In aggiunta leggi i prossimi capitoli per scoprire nel dettaglio le tecniche per creare il "nuovo" te stesso!

Capitolo 19:
Le Giuste Parole

Cosa si dice e come lo si dice svela molto sulla personalità, e questo vale anche per te! Fino ad ora avrai sicuramente parlato nella maniera che percepisci più naturale e spontanea. Potresti non averci mai pensato tanto, o potresti pensarci fin troppo tempo. Forse sei impulsivo, o forse fai difficoltà a farti capire dagli altri. In ogni caso, il tuo modello comunicativo è derivato dalla tua attuale identità. Se vuoi reinterpretarti dovrai prestare attenzione al tuo modello comunicativo e saperlo plasmare in base alle circostanze per riuscire sempre a comunicare ciò che vuoi. Ecco come potrai controllare il tuo linguaggio e cosa stai comunicando agli altri.

Controlla il tuo Tono di Voce

Ricorda sempre, il tuo tono di voce veicola non solo il significato di ciò che stai dicendo ma anche le tue emozioni. Se non stai prestando attenzione al tuo tono di voce e parli da arrabbiato, sicuramente chi ti ascolta percepirà la tua rabbia, anche se non vorresti. Controlla sempre il tuo tono di voce in modo tale che comunichi solo ciò che tu vuoi mostrare.

Se vuoi essere visto come sicuro di te, parla con tono fermo. Questo deve essere "sicuro" e non dovrai mai tentennare. Fa sì che il suono delle parole sia sempre deciso e corretto. Non metterti in discussione, e fai sentire la tua determinazione. Le tue frasi dovranno essere pronunciate fermamente e con ordine.

Se vuoi essere percepito come gentile e sensibile, usa un tono di voce basso e cristallino. Puoi addirittura dare una leggera sfumatura infantile alle tue parole. Poni molte domande e mantieni sempre una voce sottile e delicata. Non usare mai parole troppo rudi o decise, ma semplici e dolci.

Ricorda sempre il tuo obiettivo e sfrutta il tuo tono di voce per conseguirlo. Un ottimo modo per distinguere i diversi toni da adottare è ascoltando le altre persone. Presta attenzione quando percepisci che siano proprio come vorresti essere percepito tu. Prova poi ad applicare le cose appena scoperte alla tua voce e ai tuoi discorsi e vedi se riesci a dare la loro stessa impressione.

Scegli le tue Parole Saggiamente

Visto che sei sempre stato abituato a parlare in maniera spontanea, dovrai concederti del tempo per scegliere con più calma le parole da utilizzare in un discorso premeditato. Se tu ad esempio sei generalmente nervoso e vuoi essere percepito come sicuro di te, dovrai andare con calma per evitare la presenza di interiezioni e pause con suoni come "uhm" o "ehm". Sii più determinato ed esercitati ad eliminare simili espressioni dai tuoi discorsi.

Oltre che aver cura della struttura delle frasi, abbi cura anche del vocabolario che scegli. In altre parole, se tendi ad essere impulsivo, prenditi più tempo per pensare a cosa dire. In caso contrario rischierai di non elaborare alla perfezione le tue frasi, aggiungendo materiale comunicativo inutile o addirittura dannoso per la conversazione. Se vuoi essere visto come riflessivo e saggio, dovrai evitare espressione che facciano pensare il contrario alle persone. Trattieniti dall'utilizzare i vocaboli e le frasi che in media non ti aiutano a perseguire il tuo obiettivo. Scegli sempre quelle più appropriate al tuo interlocutore, al tuo obiettivo e al contesto.

Adotta un Nuovo Vocabolario

Se vuoi reinterpretare te stesso, preparati ad adottare un vocabolario totalmente diverso dal solito. Anche se continuerai ad utilizzare molte delle parole adoperate finora, aggiungerne di nuove potrà esserti di estremo aiuto nel tentativo di reinterpretazione di te. Facciamo un esempio: se vuoi sembrare più colto, smetti di usare parole come "tanto" o "un sacco", ed utilizza invece parole come "di gran lunga" è "assai". Padroneggiare il vocabolario ti aiuterà a destreggiarti nelle diverse situazioni che affronterai. Quando le persone si accorgeranno del cambio nel tuo modo di parlare, sarà molto più probabile che si soffermino ad ascoltarti. E come diretto risultato del cambio del tuo vocabolario, cambierà la loro percezione di te. Se ancora non ti conoscono, la loro impressione iniziale sarà probabilmente quella che stai tentando di veicolare.

Esercitati con Regolarità

Come qualunque altra capacità, avrai bisogno di allenarla per poter usare il vocabolario a tuo favore. Fai pratica davanti allo specchio, durante le conversazioni, e ad ogni opportunità che ti si presenta. Ricorda, il nostro modello comunicativo è spontaneo. Se esageri nel tentativo di modificare forzatamente la tua dialettica, le persone si accorgeranno che c'è qualcosa di incompleto nel tuo parlato. L'esercizio ti aiuterà ad assimilare con spontaneità il tuo nuovo modello comunicativo, rendendolo quindi molto più credibile agli occhi degli altri.

Capitolo 20:
Sfrutta il tuo Linguaggio del Corpo

Ancora una volta, il linguaggio del corpo è molto importante! Questo ti aiuta a leggere gli altri, ma anche gli altri percepiscono inconsciamente il tuo. Visto che hai già imparato i segnali specifici che una persona può mandare con il proprio corpo, vediamo invece come questo possa aiutarti a reinterpretarti e a cosa dovrai prestare attenzione per sfruttare al meglio il tuo linguaggio del corpo.

Perché il Linguaggio del Corpo è Importante nella Reinterpretazione di Sé

Come ben sai, il linguaggio del corpo è un'importante componente dell'emotività umana. Se ad esempio eliminassimo il linguaggio del corpo da un dialogo, ci ritroveremmo confusi ed in difficoltà a seguire ciò che una persona sta dicendo. Potremmo prendere delle sviste nell'interpretazione di ciò che dice tra le righe, o non capire proprio cosa stia dicendo per colpa di una totale assenza di contesto. Come vedi il linguaggio del corpo è una componente essenziale della comunicazione!

La tua postura è importante per una singola ragione: se stai cercando di reinterpretare te stesso, il tuo linguaggio del corpo dovrà agire in sinergia con tutti i tuoi altri accorgimenti. Se ad esempio vuoi sembrare sicuro di te ed il tuo tono lascia infatti intendere una fermezza esemplare, ma il tuo corpo mostra una chiusura ed insicurezza profonde, le persone che ti ascoltano saranno quantomeno confuse. Loro staranno percependo sia il tuo tono che la tua postura, e proveranno difficoltà a credere che tu sia veramente sicuro di te visto che il tuo corpo è in disaccordo con le tue parole. Per questa ragione dovrai affinare il tuo linguaggio del corpo perché si coordini con il tuo linguaggio verbale.

Postura

Inizia prestando attenzione a tutto il tuo corpo. Qual è la tua postura, tendenzialmente, e cosa dice di te? Cogli sempre ogni occasione per controllare la tua postura e le cose che questa comunica agli altri. Un ottimo metodo è guardarsi allo specchio. Esercitati e controlla che il tuo corpo lavori in perfetta sinergia con tutti i tuoi atti comunicativi.

Gesticolare

Anche il movimento delle mani è importante. Mettiamo ad esempio che vuoi apparire riservato, nonostante tendi di norma ad essere energico ed esuberante. Imparare a diminuire significativamente il modo in cui gesticoli ti aiuterà ad apparire più calmo e distinto. Se al contrario sei molto pacato e silenzioso, prova ad accompagnare ciò che dici sempre con grandi gesti. Sciogli braccia e mani e non esitare ad utilizzarli come parte del tuo discorso. Muovere le mani fluidamente e senza esitazione aiuta a dimostrare che tu sei una persona estroversa e sicura di sé.

Espressioni Facciali

Assicurati che la tua espressione non ti tradisca! Se vuoi apparire più felice, sorridi in maniera naturale, tirando fuori anche quelle famose rughe ai lati degli occhi! Altrimenti il tuo sorriso sarà palesemente falso e tu sembrerai inevitabilmente fuori posto. Se vuoi essere aperto, abbi un viso aperto. Solleva leggermente le sopracciglia, tieni gli occhi aperti e rilassa le labbra. Se vuoi apparire sicuro di te solleva leggermente il mento e mantieni un'espressione forte. Sfrutta la tua faccia per veicolare il tuo nuovo te stesso quando parli con le persone.

Gli Occhi

Fai sempre attenzione agli occhi, e in particolare al contatto visivo. Quando stai iniziando a reinterpretare te stesso, dovrai abituarti ad aumentare molto il contatto visivo con gli altri. Assicurati di farlo sempre in maniera naturale. Evita di esagerare al punto di far percepire agli altri qualcosa di strano e innaturale nel tuo sguardo. Fissare qualcuno a lungo con gli occhi strabuzzati non lascerà un'impressione di sicurezza di sé. Al contrario, li farà sentire a disagio e penseranno che non sei a conoscenza delle norme di base della socialità. Mantieni il tuo contatto visivo, ma senza esagerare.

Capitolo 21:
Reinterpreta i Tuoi Stili

I tuoi "stili" includono la camminata, la tua grafia, il tuo ambiente, e tutto ciò che contribuisce all'immagine che gli altri percepiscono di te. Se vuoi reinterpretare te stesso, prenditi del tempo per reinterpretare anche questi piccoli ma importanti dettagli!

Esercitati nella tua nuova camminata. Se sei timido, la tua camminata sarà insicura e trattenuta. Se vuoi essere visto come sicuro di te, sciogli le gambe e cammina con passi fermi e decisi. Sfrutta le informazioni apprese nel Capitolo 8 sulle camminate degli altri per perfezionare la tua. Questo ti permetterà di scegliere un'andatura in accordo con il tuo nuovo te stesso!

Per la grafia il discorso potrebbe essere più difficile. Prova quindi ad apportare delle piccole modifiche graduali. Non devi rinnovare ogni cosa, ma solo quanto basta per esprimere la tua nuova immagine. Ricorda che la maggior parte delle persone non si accorgeranno neanche di questo cambiamento. Inoltre, potrebbe anche venire più naturale come parte del processo globale di reinterpretazione di sé.

Passando all'ambiente, cerca di vivere come vivrebbe una persona sicura di sé, estroversa, riservata o qualunque tipo di persona tu voglia essere! Frequenta i posti che frequenterebbe, organizza la casa allo stesso modo, e modifica tutto: macchina, lavoro, routine ed abitudini cosicché sia tutto in accordo.

Prestare attenzione a questi dettagli permetterà al nuovo te stesso di essere più credibile per te e per gli altri. Cercare di reinterpretare solo una o due parti di te porterà ad un cambiamento temporaneo e passeggero. Se vuoi cambiare per davvero, dovrai cambiare ogni aspetto della tua vita in modo tale che si accordi con il nuovo te stesso che hai scelto.

Conclusione

Grazie per aver letto questo libro!

Spero sinceramente che ti abbia aiutato nell'apprendimento dell'analisi umana! Dalla lettura del linguaggio del corpo e della personalità, spero tu abbia potuto trarre il più grande profitto. Che tu volessi comprendere a fondo gli altri, aumentare la tua capacità di creare legami, o cogliere un'opportunità per reinterpretarti lavorando sulla percezione altrui, spero veramente che tu abbia portato a termine con successo il tuo obiettivo grazie ai miei 21 consigli.

Il prossimo passo è imparare ad analizzare le persone da solo! Vai e cerca delle opportunità per impratichirti. Che tu sia un osservatore o che tu preferisca allenarti grazie alle persone con cui entri a contatto quotidianamente, usa ogni chance per imparare nuove nozioni riguardanti questi 21 aspetti del comportamento umano. Potrai addirittura provare ad indovinare cosa pensano o provano, per poi cercarne conferme o smentite nei loro piccoli gesti.

Infine, se ti è veramente piaciuto questo libro, ti chiedo il favore di recensirlo e dirmi cosa ne pensi su Amazon Kindle. Il tuo giudizio è molto importante per me.

Grazie!